UP-
CYCLING

Aus Alt mach Neu!
Dekorative und nützliche
Projekte zum Selbermachen

arsΞdition

Eierkartons, Papier- und Wollreste, alte Comics, Korken, Klopapierrollen, Wellpappe und, und, und – das meiste, was ihr braucht, könnt ihr kinderleicht und kostenlos zusammensuchen.
Dazu Schere, Klebstoff und einige andere Kleinigkeiten, und schon kann es losgehen!

WETTEN, DASS IHR ZAUBERN KÖNNT? GANZ WIRKLICH UND GANZ LEICHT?

Blättert einfach um:
Hier erfahrt ihr, wie ihr alte und scheinbar
unnütze Dinge blitzschnell in Neues verwandelt!
Wegwerfen war gestern – ab heute heißt es:
sammeln, basteln und richtig Spaß haben!

Viel, viel Freude wünscht euch

Susanne

5

INHALT

AUFGEPASST!

Wenn ihr mit Farbe, Klebstoff und Ähnlichem hantiert, nutzt zum Schutz eurer Arbeitsfläche eine Unterlage (z. B. Zeitungspapier) und zieht euch ein altes T-Shirt oder eine Schürze an. Lasst euch beim Umgang mit scharfen Gegenständen oder Materialien unbedingt von einem Erwachsenen helfen.

FRECHE FINGER-FREUNDE

Ihr esst gerne Eier? Prima!
Denn spachtelt ordentlich los, denn aus der Verpackung könnt
ihr tolle Figuren basteln, die für jeden Spaß zu haben sind!

SCHRITT 1: *Schneidet vom Boden eines Eierkartons die Spitzen ab: Eine Spitze ergibt eine Figur. Für die Ohren bzw. Augen lasst ihr an einer Seite etwas Material stehen und klappt es danach senkrecht nach oben. Den Rest des Randes begradigt ihr rundherum.*

SCHRITT 2: *Hund, Schwein, Zebra, Maus, Krokodil … welche Tiere habt ihr besonders gern? Malt die Spitzen entsprechend mit Acrylfarbe an, lasst sie trocknen und klebt dann Wackelaugen auf. Ab auf die Finger, und schon kann die Show beginnen! Denkt euch lustige Gespräche oder kleine Theaterstücke aus oder gebt eure Lieblingswitze zum Besten – ganz egal, Hauptsache, es macht Spaß!*

Ihr braucht:

Eierkarton
Schere
Acrylfarbe und Pinsel
Wackelaugen
Klebstoff
Optional:
Zahnstocher
Papier
Stifte

Perfekter Platzanweiser:
Leuchtende Farbe, weiße Beißer, ein großes Wackelauge, und fertig ist euer Monster. Ein dekoriertes Fähnchen an einen Zahnstocher kleben, von oben hineinstechen und ab damit auf deinen Partytisch!

Was kannst du aus Eierkartons noch Cooles basteln? Schau nach!

EI, EI, EI, EIN EIERKOPF

… und der kommt selten allein!
Denn aus Eierkartons lasst ihr ganz schnell
ganz viele lustige Kumpel entstehen.

SCHRITT 1: Schneidet vom Boden eines Eierkartons die zwei Mulden an den Ecken aus: Eine wird das Ober- und eine das Unterteil eurer Figur. Den Rand schneidet ihr sauber ab.

SCHRITT 2: Setzt beide Teile aufeinander und tackert die beiden Stege auf der Rückseite mit zwei Klammern zusammen. An der bauchigen Seite könnt ihr kleine Zacken als Zähne herausschneiden.

SCHRITT 3: Bemalt eure Figuren außen und innen mit Acrylfarbe. Natürlich könnt ihr euch auch mit Filzstiften austoben, das geht am besten auf weißem Karton. Lasst die Farbe trocknen und klebt dann Wackelaugen auf. Ihr habt keine? Auch gemalte Augen sehen super aus!

Freche Frisur gewünscht? Knotet dafür einige Wollreste zusammen und steckt sie mit dem Knoten voran von oben in ein kleines Loch.

Mit dieser Einladung lässt sich bestimmt niemand eure Feier entgehen!

KOMM KICKERN!

Was gibt es Besseres als coole, neue Schuhe? Den dazugehörigen Schuhkarton! Er lässt sich nämlich blitzschnell in ein Mini-Fußballstadion verwandeln – auf los geht's los …

SCHRITT 1: *Die beiden kurzen Seiten eures Kartons verseht ihr jeweils mit einem Tor (z. B. 10 x 6 cm).*
Dafür schneidet ihr an drei Seiten entlang, die Seite am Boden des Kartons bleibt unversehrt.
So könnt ihr die Wand des Tors nach außen klappen, die äußere Hälfte nach oben knicken, und schon wird der Ball später prima abgefangen.

SCHRITT 2: *Streicht den Karton mit Klebstoff ein und beklebt ihn mit Geschenkpapier.*
In jede lange Seite locht oder stecht ihr vier Löcher in gleichmäßigen Abständen.
Besonders cool sieht euer Stadion aus, wenn ihr auch den Innenraum mit Papier auskleidet und die Kanten mit Maskingtape beklebt.

SCHRITT 3: *Schneidet vier Holzstäbe zu (Länge ca. 35 cm). Als Spieler schneidet ihr sechs Rechtecke (ca. 3 x 7 cm) aus dem Kartondeckel aus. Eine der schmalen Seiten locht ihr mit je zwei Löchern.*

Bemalt nun beide Teams (je zwei Stäbe und drei Spieler) in unterschiedlichen Farben. Sobald alles trocken ist, steckt ihr eine Seite der Stäbe in das Stadion, schiebt die Spieler innen darauf und steckt auch die andere Stabseite durch das gegenüberliegende Loch.

SCHRITT 4: *Markiert die Spielfeldmitte mit einem kleinen Kreis*, legt den Ball darauf, und los geht das spannende Spiel!

GENIAL EINFACH:

Als Punktestand-Anzeiger könnt ihr nummeriertes Tape über jedes Tor kleben und eine Büroklammer darauf wandern lassen.

Ihr braucht:

Comics
Schüssel
Frischhaltefolie
Klebeband
Holzleim (transparent
    trocknend), mit etwas
    Wasser verdünnt
Pinsel
Schere

COOLE COMIC-SCHALE

Ihr habt eure Lieblings-Magazine unendliche Male gelesen und möchtet sie dennoch nicht wegwerfen? Perfekt, denn im Handumdrehen bringt ihr sie richtig in Form ...

SCHRITT 1: *Reißt Comics in Schnipsel und spannt Frischhaltefolie über eine gestürzte Schüssel. Sie bleibt schön straff, indem ihr sie in der Schüssel mit Klebeband fixiert. Mit einem breiten Pinsel streicht ihr nun die Folie mit Klebstoff ein und überklebt sie komplett mit Schnipseln.*

SCHRITT 2: *Schicht um Schicht verstärkt ihr die Schnipsel-Wand (mind. 8–10 Schichten): Tragt jeweils eine Lage Schnipsel auf, dann eine Schicht Klebstoff, wieder Schnipsel usw. Verwendet reichlich Klebstoff, sodass sich das Papier schön vollsaugt. Lasst dann alles trocknen.*

SCHRITT 3: *Bereit? Löst die Frischhaltefolie mitsamt eurer Comic-Schale vorsichtig von der Schüssel. Jetzt zieht ihr ganz vorsichtig die Folie ab. Noch den Rand rundherum gerade schneiden, und fertig ist euer Meisterwerk!*

TIPP
Keine Comics parat? Auch benutztes Geschenkpapier sieht toll aus oder alte Zeitungen, die ihr anschließend bemalt (z. B. mit Acrylfarbe).

BALL-BUTLER

Was darf's denn sein: der Lieblingsstift, die Zahnbürste oder das Abwehren nervender Störenfriede? Diese kleinen Helfer aus ausrangierten Tennisbällen sind euch stets zu Diensten!

Ihr braucht:

Tennisbälle
Schere
Cuttermesser
Wackelaugen
Klebstoff
Saugnäpfe

Optional:
Farbe, z. B. Acryl
Pinsel
Permanentmarker

SCHRITT 1: *Mund auf: Schneidet mit einem Cuttermesser mithilfe eines Erwachsenen einen breiten Schlitz in einen Tennisball. Klebt Wackelaugen auf und bemalt einen Teil des Balls mit einer Mütze oder einem bunten Schopf. Mit einem spitzen Gegenstand lässt sich die Oberfläche toll zu Strubbelhaaren aufrauen!*

SCHRITT 2: *In die Rückseite schneidet ihr ein Loch, drückt einen Saugnapf hinein,* und schon könnt ihr den Kopf befestigen, zum Beispiel als Zahnbürstenwächter an der Badezimmerwand oder als Türsteher an eurer Zimmertür.

Besonders fix entsteht dieser Stiftehalter: Mit Glatze und Saugnapf an der Unterseite sorgt er auf deinem Schreibtisch für gute Laune.

MINI-DEKO
Diese Wimpelkette besteht aus 4 cm langen Halmen und ist an den geriffelten Knicken von zwei gekürzten Trinkhalmen geknotet.

TOLLE TRINKHALM-TRICKS

Egal, ob ihr eure Party vorbereitet oder sie gerade vorüber ist: Ein paar Trinkhalme fallen sicher dabei ab! Und die sind perfekt für reihenweise Wimpelketten, die immer und überall für Stimmung sorgen …

SCHRITT 1: *Schneidet Trinkhalme in gleich große Abschnitte: Für eine große Wimpelkette (siehe Bild unten rechts) zum Beispiel in der Länge von 15 cm. Fädelt je drei Halme pro Wimpel auf ein Stück Wolle und bindet alles fest zu einem Dreieck zusammen.* Sobald ihr etliche Wimpel fertiggestellt habt, fädelt ihr sie auf ein langes Stück Wolle oder knotet die einzelnen links und rechts an den oberen Ecken mit kurzen Wollstücken zusammen. An beiden Enden eurer Kette lasst ihr ein gutes Stück Wolle zum Aufhängen übrig – fertig!

SCHRITT 2: *Wort-Wimpel:* **Bestreicht die Rückseite der Dreieck-Halme mit Klebstoff und klebt sie auf ein Blatt Papier.** Schneidet den Papierrand außen herum ab und beklebt oder beschreibt die Innenfläche ganz wie es euch gefällt.

Ihr braucht:

Trinkhalme
Wolle, Schnur o. Ä.
Schere
Optional:
Papier
Klebstoff
Stift

Hingucker:
Fünf zusammengebundene
Wimpel werden
zu einem Stern.

WOW – WICKELWOLLE!

Wolle ist nur zum Stricken da? Von wegen: Aus Resten lassen sich tolle Schriftzüge und Symbole formen! Die sehen nicht nur genial aus, sondern sind auch genial einfach zu basteln …

SCHRITT 1: *Formt euren Wunsch-Schriftzug aus Drahtresten.* Verwendet dabei mindestens zwei Lagen und stabilisiert einige Stellen durch Umwickeln.

SCHRITT 2: *Wickelt nun den ersten Wollrest um den Draht:* **Knotet ein Ende fest, überwickelt es und wickelt so lange weiter, bis nur noch ein kurzes Ende zum Verknoten übrig bleibt.** *Fahrt entsprechend mit den anderen Resten fort. Sind eure Wollstücke lang genug, so könnt ihr sie gleich mehrfach nehmen, das geht schneller.*

SCHRITT 3:

Möchtet ihr euer Werk aufhängen, denkt daran, oberhalb kleine Schlaufen zu wickeln.

Statt Draht könnt ihr genauso gut Karton nutzen. Auch Symbole oder einzelne Buchstaben sehen toll aus!

Ihr braucht:

Kronkorken
Vorlage von Buchklappe
Wellpappe oder Karton
Schere
Klebstoff
Wasserfarben

Optional:
Geschenkpapier
Acrylfarbe
Transparente
Klebefolie

KROKO-
KRACHMACHER

Lust, mal richtig zu lärmen und die Schuld anderen ins Maul zu schieben? Super – denn aus Karton und Kronkorken entstehen diese coolen Kumpanen, die für euch gerne mit den Zähnen klappern!

SCHRITT 1: *Kopiert die Vorlage von der Buchklappe und schneidet beide Streifen aus. Klebt den Streifen mit dem Kroko-Gesicht auf Wellpappe, schneidet ihn sauber an der Kante entlang aus und knickt ihn in der Mitte.*

SCHRITT 2: *In das Kroko-Maul klebt ihr den Streifen mit den Zähnen hinein. Bemalt euren Krachmacher mit Wasserfarben und lasst sie trocknen.*

SCHRITT 3: *Klebt dann an jedes Ende einen Kronkorken ins Maul. Sobald alles getrocknet ist, kann der Spaß beginnen: Klappt die Krokos zusammen und lasst die Zähne ordentlich klappern!*

Noch schneller geht's, wenn ihr Streifen aus Wellpappe ausschneidet und sie mit Geschenkpapier-Resten beklebt. Bedruckte Kronkorken lassen sich toll übermalen, z. B. mit Acrylfarbe.

Zum Schutz könnt ihr eure Krachmacher mit selbstklebender, transparenter Folie überziehen.

Ihr braucht:

- Konservendosen (z. B. Durchmesser 7,5 cm; Höhe 10,8 cm)
- Luftballons
- Geschenkpapier-Reste
- Schere
- Klebstoff
- Dosenöffner
- Tischtennisball
- Optional: Schnur
- Klebeband

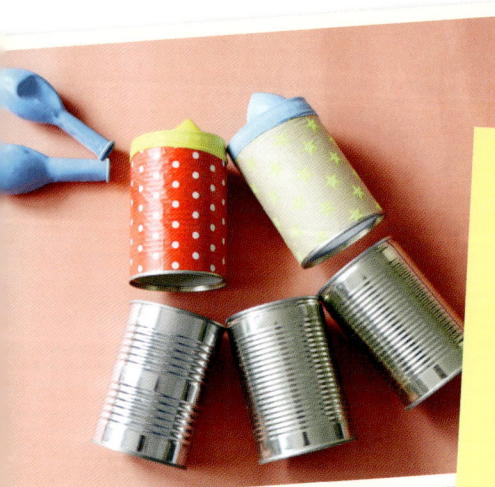

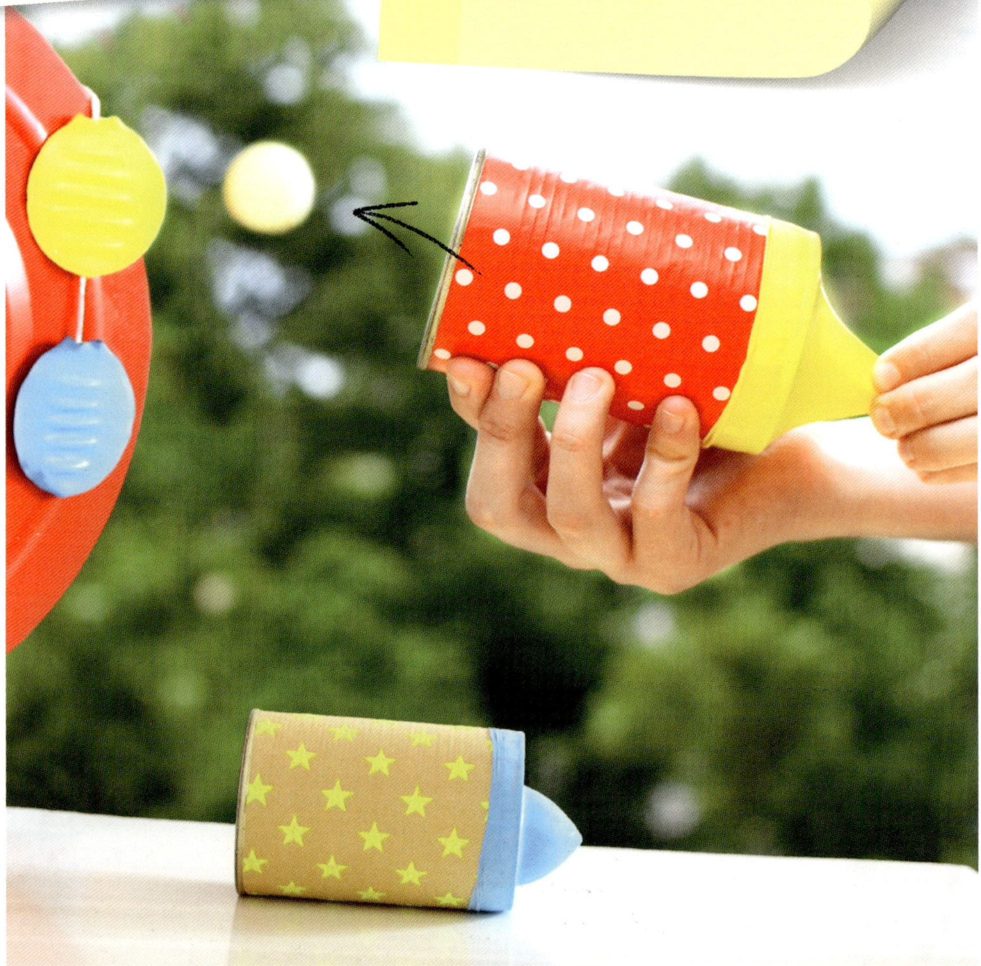

GENIALES GESCHOSS

Was haben eine Dose und ein Luftballon gemeinsam?
Genau: Zusammen treffen sie jedes Ziel!
Bastelt gleich los und beweist, dass ihr das Zeug zum Schützen habt!

SCHRITT 1: *Löst Boden und Deckel einer Konservendose mit einem Dosenöffner heraus und wascht sie.* Passt auf die scharfen Kanten auf und lasst euch von einem Erwachsenen helfen!

SCHRITT 2: *Schneidet einen Papierrest zu einem breiten Streifen zu* (z. B. 10 x 25 cm), bestreicht ihn mit Klebstoff und wickelt ihn um die Dose. Streicht das Papier glatt und lasst es trocknen.

SCHRITT 3: Schneidet den schmalen Teil eines Luftballons ab (siehe Bild unten rechts). Jetzt dehnt ihr das größere, bauchige Teil und *stülpt es wie eine Haube über eure Dose.* Achtet auf einen großzügigen Rand, damit es nicht wieder abrutscht . Hinein mit einem Ball, mit einer Hand die Dose umfassen und mit der anderen die Haube samt Ball lang ziehen. Loslassen uuund Schuss!

Perfekte Zielscheiben: **Fixiert mit Klebeband je etwas Schnur an Deckel und Boden. Zum Schutz vor den Kanten überzieht ihr sie jeweils mit einer Luftballon-Haube. Jeder Farbe könnt ihr außerdem einen Wert zuweisen (z. B. Gelb = 10 Punkte; Blau = 5 Punkte). Aufhängen, und schon könnt ihr um die Wette zielen! Wer erspielt die meisten Punkte?**

TELEFON

Marcel 622267
Minerva 853212
Julia 785521
Valentin 445478
Romy 472827

MONTAG
17h Tina

FÜR DICH

Ihr braucht:

10–15 Korken
Wellpappe
DIN-A4-(Ton-)Papier
Stift
Cuttermesser
Schere
Klebstoff

Acrylfarbe
Pinsel
Stecknadeln
Plakataufhänger
Alternativ:
Schnur
Tacker

PINNWAND-PARTY

In eurer Welt wimmelt es von schönen und wichtigen Dingen? Dann sorgt dafür, dass nichts verschwindet und ihr immer alles im Blick behaltet!

SCHRITT 1: *Klebt einen Bogen Papier auf Wellpappe. Zeichnet eine Sprechblase auf und schneidet diese an der Außenkante aus. Als Aufhängung könnt ihr auf der Rückseite Plakataufhänger befestigen oder – bevor ihr das Papier aufklebt – Schlaufen aus Schnur oben in die Pappe tackern.*

SCHRITT 2: *Schneidet mithilfe eines Erwachsenen mit dem Cuttermesser Korken in ca. 0,5 cm breite Scheiben. Ein Korken ergibt etwa 7–9 Scheiben. Für eine DIN-A4-große Pinn-Sprechblase benötigt ihr ca. 90 Scheiben, also mindestens 10 Korken.*

SCHRITT 3: *Bemalt die Kork-Scheiben oben und an der Seite mit Acrylfarbe und lasst sie trocknen. Legt sie anschließend auf eurer Sprechblase eng aneinander. Passt alles? Dann klebt sie fest und lasst wieder alles trocknen.*

SCHRITT 4: *In der Zwischenzeit verwandelt ihr Nadeln in tolle Pinns: Schneidet aus Papier kleine Fähnchen aus und pikt sie (aber nicht eure Finger!) vorsichtig auf.*

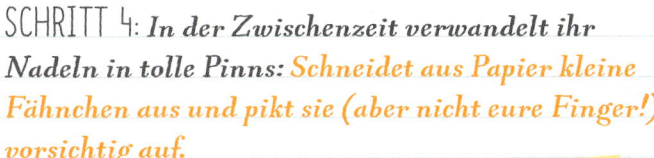

Und jetzt: Pinnwand aufhängen, alles, was einen Ehrenplatz bekommen soll, zusammensuchen, und los geht die Pinn-Party!

Zahnpastatube
Reißverschluss
Schere
Cuttermesser
Feuerzeug
Nähnadel
Nähgarn

TARNUNGS-TUBE

Zähneputzen macht viel mehr Spaß, als ihr denkt – denn wer fleißig schrubbt, kann aus leeren Zahnpastatuben superwitzige Aufbewahrungen zaubern!

SCHRITT 1: *Trennt mithilfe eines Erwachsenen mit einem Cuttermesser den Deckel einer Tube ab. Lasst dabei einen Rand von mindestens 1,5 cm stehen. Wascht beide Teile sauber aus. Bestimmt die Länge des Reißverschlusses:* Legt ihn dafür außen um die Tubenöffnung, zieht 0,5 cm ab und kürzt ihn. *Die Schnittkante wird durch kurzes Heranhalten eines Feuerzeugs versiegelt – lasst dies einen Erwachsenen übernehmen!*

SCHRITT 2: *Näht nun eine Hälfte des Reißverschlusses an das Tuben-Unterteil, dann die andere an das Oberteil: Setzt einen Knoten an ein Garnende (Länge ca. fünfmal so lang wie der Reißverschluss), stecht von innen durch die Tube und sichert den Anfang des Reißverschlusses durch einige weitere Stiche.* Führt nun die Nadel in einfachen Schlaufen durch Tube und Reißverschluss-Stoff.

Achtung: Näht nicht zu nah an den kleinen Verschlusszähnen, sonst lässt sich der Schieber später schlecht darüberführen.

Am Ende des Reißverschlusses angekommen? Vernäht das Garnende fest und verbindet dabei Anfang und Ende des Verschlusses.

SCHRITT 3: Setzt das Tuben-Ober- und -Unterteil mit dem Schieber zusammen, *füllt eure Tube, und auf geht's zum Eindruckschinden! (Vorsicht: Bewegt den Schieber beim Öffnen nie bis ganz zum Ende, damit die beiden Teile nicht auseinanderrutschen.)*

START

ZACK

BOOM

Ihr braucht:

Klopapier- und
   Küchenpapierrollen
(Geschenk-)Papier
Wollreste
Wellpappe
Klebstoff
Tacker
Spitzer Gegenstand,
   z. B. Nagelschere
(Klarsicht-)Tütchen

TIPP

Ladet jeden Besucher zum
Ausprobieren ein –
so füllt sich eure Kasse
in Windeseile!

SPEZIAL-SPAR-RUTSCHE

Zugegeben: Taschengeld nicht gleich wieder auszugeben, ist ganz schön schwer, oder? Bis jetzt! Mit etwas Pappe und einigen Klopapierrollen macht Sparen plötzlich richtig Spaß ...

SCHRITT 1: *Beklebt ein Stück Wellpappe (z. B. 65 x 25 cm) mit Geschenkpapier. Ordnet Klopapier- und Küchenpapierrollen (z. B. je drei Stück)*

darauf an. Sie sollten ziemlich steil positioniert sein, damit eure Geschosse nachher hindurchsausen können.
Entscheidet, welche Rollen ihr längs halbieren, an den Enden kürzen oder abschrägen möchtet. Beklebt sie anschließend mit Papier, indem ihr den überstehenden Papierrand mehrmals einschneidet und nach innen klappt.

SCHRITT 2: *Befestigung der Rollen auf der Pappe: Am leichtesten geht es durch Festtackern der Öffnungen. Wenn es die Position nicht zulässt, stecht mit einer Nagelschere o. Ä. je zwei kleine Löcher rechts und links neben der Rolle in die Pappe. Zwei Schnüre durchziehen, auf der Rückseite verknoten, fertig!*

SCHRITT 3: *Zaster-Fänger: Fixiert eine halbe Klopapierrolle am Rutschenende. Von unten führt ihr ein Tütchen hindurch und stülpt es oben über den Rollenrand. Am besten fixiert ihr es noch mit Tape. Jetzt kommt euch kein Geld der Welt mehr abhanden!*
Noch eine Schnur durch zwei Löcher oben an der Pappe ziehen, aufhängen, und dann geht der Spar-Spaß los!

Ihr braucht:

Teelichthülsen
Bleistift
Schere
Spitzer Gegenstand, z. B.
   Kugelschreiber
Optional:
Faden
   Permanentmarker

TALENTIERTE TEELICHTE

Teelichte sind langweilig? Von wegen! Schnappt euch die leeren Hülsen und verwandelt sie in Figuren, Anhänger oder, oder, oder … Wetten, dass ihr aus dem Basteln gar nicht mehr herauskommt?

SCHRITT 1: *Säubert Teelichthülsen und zeichnet eure Wunschform mit Bleistift auf dem Hülsenrand vor.* Zerschneidet die Hülse entsprechend, biegt die Randelemente nach oben und plättet alles, zum Beispiel mit dem Scherengriff. Passt dabei auf die Kanten auf, sie können scharf sein!

SCHRITT 2: *Wer mag, zeichnet sein Wunschmotiv erst auf der Vorderseite mit dem Bleistift vor, sodass es sich leicht auf der Rückseite durchdrückt. Dort müsst ihr es dann nur noch mit einem spitzen Gegenstand und größerem Druck nachziehen. Übrigens: Die Hülsen haben unterschiedliche Vertiefungen, die ihr nutzen könnt. Aus einem Kreis in der Mitte wird beispielsweise eine Schnauze.* Lust auf Farbe? Dann hebt einige Stellen mit Permanentmarker hervor.

Lasst mit Löchlein und Faden Anhänger entstehen oder befestigt eure Werke mit Klebstoff, beispielsweise auf einer Grußkarte.

Ihr braucht:

Kronkorken
Vorlage von Buchklappe
(Geschenk-)Papier, Fotos,
    kleine Elemente o. Ä.
Stifte
Klebstoff
Schere
Magnetfolie, selbstklebend
Alternativ:
Faden
Klebeband

MINI-MAGNETEN

Ab jetzt heißt es: Trinken, trinken, trinken!
Denn jeder Kronkorken wird Teil einer genialen Galerie, die ihr mit
vielen, vielen Lieblingsdingen endlos erweitern könnt. Los geht's!

SCHRITT 1: *Kopiert die Kreis-Vorlage von der Buchklappe. Was soll euer Untergrund werden: Geschenkpapier, farbiges oder weißes Papier? Filz oder Stoff? Ein Foto oder ein Bild aus einem Magazin? Entscheidet euch, legt die Vorlage darauf, umrandet sie mit einem Stift und schneidet den markierten Kreis aus.*

SCHRITT 2: *Ran an die Deko: Schreibt Sprüche, Namen oder Botschaften, klebt kleine Elemente auf, stempelt oder malt kleine Bilder – experimentiert mit Farben und Materialien, ganz egal, Hauptsache, es macht Spaß!*

SCHRITT 3: *Verseht jeden Kronkorken auf der Rückseite mit einem Stück Magnetfolie (z. B. 1,5 x 1,5 cm), klebt die kleinen Kunstwerke hinein, und schon sind eure Magneten einsatzbereit!*

Richtig witzig wird's mit auf der Rückseite angeklebten Elementen!

Tolle Galerie: Wer keine Magnetfolie zur Hand hat, befestigt mit Klebeband eine kleine Schlaufe auf der Kronkorken-Rückseite und hängt seine Mini-Bilder an der Wand auf.

T-SHIRT-TASCHEN

Kaum zu glauben:
Aus eurem alten Lieblingsshirt wird in nur wenigen Schritten ein toller Beutel! Probiert es gleich aus!

SCHRITT 1: Dreht euer T-Shirt auf links und zeichnet die Schnittkanten ein: Die entfernten Ärmel und der Ausschnitt ergeben die Taschengriffe. Den unteren Teil schneidet ihr in gleichmäßigen Abständen ein (Länge 7–10 cm): Jeweils zwei übereinanderliegende Streifen verknotet ihr fest mit einem Doppelknoten.

SCHRITT 2: Alles verknotet? Dann Shirt wieder auf rechts drehen und staunen: Die Knoten sind verschwunden und eure Tasche ist fertig!

Tipp: Nutzt die Knoten als Deko (blaue Tasche). Ihr braucht euer Shirt dafür nicht auf links zu drehen. Schneidet einfach den unteren Saum ein, verknotet die Streifen, schneidet die Nähte ab, und schon kann fleißig losgepackt werden. Wer es noch einfacher mag, benutzt ein Träger-Shirt (blaue Tasche): Hier sind die Henkel schon vorhanden!

Tipp: Beklebt oder bemalt mehrere Deckel in unterschiedlichen Farben und beschriftet sie mit euren Namen. So könnt ihr nacheinander auf ein Behältnis zielen und später schauen, wer am meisten Treffer gelandet hat.

PAUL   Marie

FLIEGENDE FRISBEES

Pappteller sammeln sich gern mal an. Wer schlau ist, verwandelt sie flott in flitzende Flugobjekte – so wird aus Langeweile ganz schnell super Stimmung!

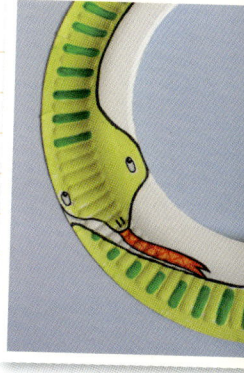

SCHRITT 1: *Für ein Frisbee benötigt ihr zwei Pappteller, aus denen ihr jeweils die innere Kreisfläche herausschneidet. Dann geht's an die Farbe: Lasst beispielsweise eine Schlange durch die Luft zischen oder* einfach einen gestreiften Gute-Laune-Ring! *Für große Flächen eignen sich Wasserfarben, kleinere Bereiche und Details lassen sich prima mit Stiften ausarbeiten. Toll wirkt es, wenn ihr das Muster des Tellers mit in eure Dekoration einbeziecht, so wie die Erhebungen der Schlangenhaut. Welche Motive fallen euch noch ein?*

SCHRITT 2: *Sobald ihr eure Teller fertig gestaltet habt, bestreicht ihr sie am äußeren Rand (Oberseite) mit Klebstoff und presst beide Hälfen aufeinander, sodass innen ein Hohlraum entsteht. Alles getrocknet? Auf geht's: Werft euch die Frisbees gegenseitig zu! Ihr könnt auch eine Flasche aufstellen und versuchen, die Frisbees darüberzuwerfen.*

Mini-Frisbees sind aus Plastik-Joghurtdeckeln leicht gemacht: Einfach bemalen, und los geht das wilde Werfen!

Ihr braucht:

Pappteller
Schere
Stifte, Wasserfarben o. Ä.
Klebstoff
Flasche, Korb,
  Handtuch o. Ä.
Optional:
Joghurtdeckel
Permanentmarker,
  Acrylfarben o. Ä.

42

RASANTES RIESEN-JO-JO

**In kleiner Form kennt sie jeder. Aber bei dieser
XL-Version machen eure Freunde sicher große Augen!
Und das Beste daran: Es ist schnell gebastelt!**

SCHRITT 1: *Sicher findet ihr ein paar alte CDs, die niemand mehr braucht.
Diese dekoriert ihr ganz wie es euch gefällt: Dafür legt ihr eine CD auf
(farbiges) Papier, umrandet sie außen und innen mit einem Stift und
schneidet die entstandene Form aus. Klebt Papierformen darauf oder
malt Punkte oder Streifen. Klebt je eins eurer Werke auf jede CD-Seite.
Ihr könnt mit einem Permanentmarker auch gleich auf die CD malen.*

SCHRITT 2: *Messt nun den Faden ab: Er sollte
etwa vom Boden bis zu eurem Bauchnabel reichen.
Schneidet ein Stück Moosgummi zurecht (Größe
ca. 4 x 12 cm) und rollt es über die kurze Seite so
fest es geht zusammen. Haltet die Rolle zusammen,
indem ihr mittig mit einem Fadenende einen sehr
festen Doppelknoten setzt. Das andere Fadenende
bekommt eine kleine Schlaufe für euren Finger.*

SCHRITT 3: *Steckt auf jede Seite der Moosgummirolle
eine CD, sodass außen ein Rand von etwa 1 cm bleibt.
Wichtig ist, dass beide CDs in genau demselben Außen-
abstand schön fest auf der Moosgummirolle sitzen.
Jetzt noch den Faden aufrollen, die Schnur gut an der
Schlaufe festhalten, und los geht der rasante Jo-Jo-Spaß!*

MEINE IDEEN

MEINE IDEEN

SUMMER, SUMMER, SUMMERTIME …!

Bügelperlen haben das ganze Jahr über Saison!
Wir zeigen euch praktische und schöne Ideen für die heiße Jahreszeit.
Frische Früchte, kaltes Eis – unsere Ideen sind einfach zum Reinbeißen.

Ein **1** *Wespenschutz* fürs Glas ist praktisch und ein schöner Hingucker. Ob in Form einer Melone, einer Orange oder auch als Apfel, eurer Fantasie sind keine Grenzen gesetzt. Ihr braucht eine runde Steckvorlage und natürlich Bügelperlen. Vergesst nicht, ein Loch in der Mitte für den Strohhalm frei zu lassen und die Größe des Glases zu berücksichtigen!

Als sommerliche Deko und Zettelhalter machen sich diese **2** *Eis-Magneten* super an jedem Kühlschrank. Selbstklebende Magnetplättchen für die Rückseite gibt es im Internet oder im Bastelgeschäft.

Außer Bügelperlen braucht ihr:

- Runde und eckige Vorlagen
- Strohhalme
- Selbstklebende Magnetplättchen
- Sekundenkleber
- Schaschlik-Spieße

Balkon- und Terrassenblumen bekommen mit einer **3** *fruchtigen Deko* aus Bügelperlen den letzten Pfiff. Die fertigen Werke werden mit Sekundeber auf Schaschlik-Spieße geklebt in die Erde gesteckt.

Die Vorlage für d…
findest du auf S…

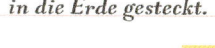

5

aus:
ISBN 978-3-8458-1831-3

arskreativ · Neue Ideen für kreative Projekte mit dem Klassiker

BÜGEL PERLEN

Mehr als nur Untersetzer – Bügelperlen als Deko, Schmuck und vieles mehr

arsEdition

NOCH MEHR KREATIVES

ISBN 978-3-8458-1830-6

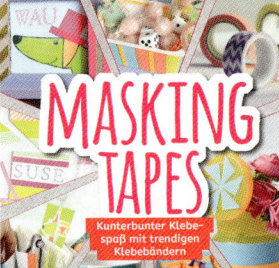

ISBN 978-3-8458-1829-0

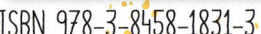

ISBN 978-3-8458-1831-3

© 2017 arsEdition GmbH,
Friedrichstraße 9, 80801 München
Alle Rechte vorbehalten
Ideen, Modelle und Text: Susanne Schiefelbein www.suschie.com
Fotografie: Minerva Just www.minerva-fotografie.de
Layout: Judith Jänsch, Angelika Schön
Motive: Getty Images / Thinkstock
ISBN 978-3-8458-1828-3
www.arsedition.de